AF257187

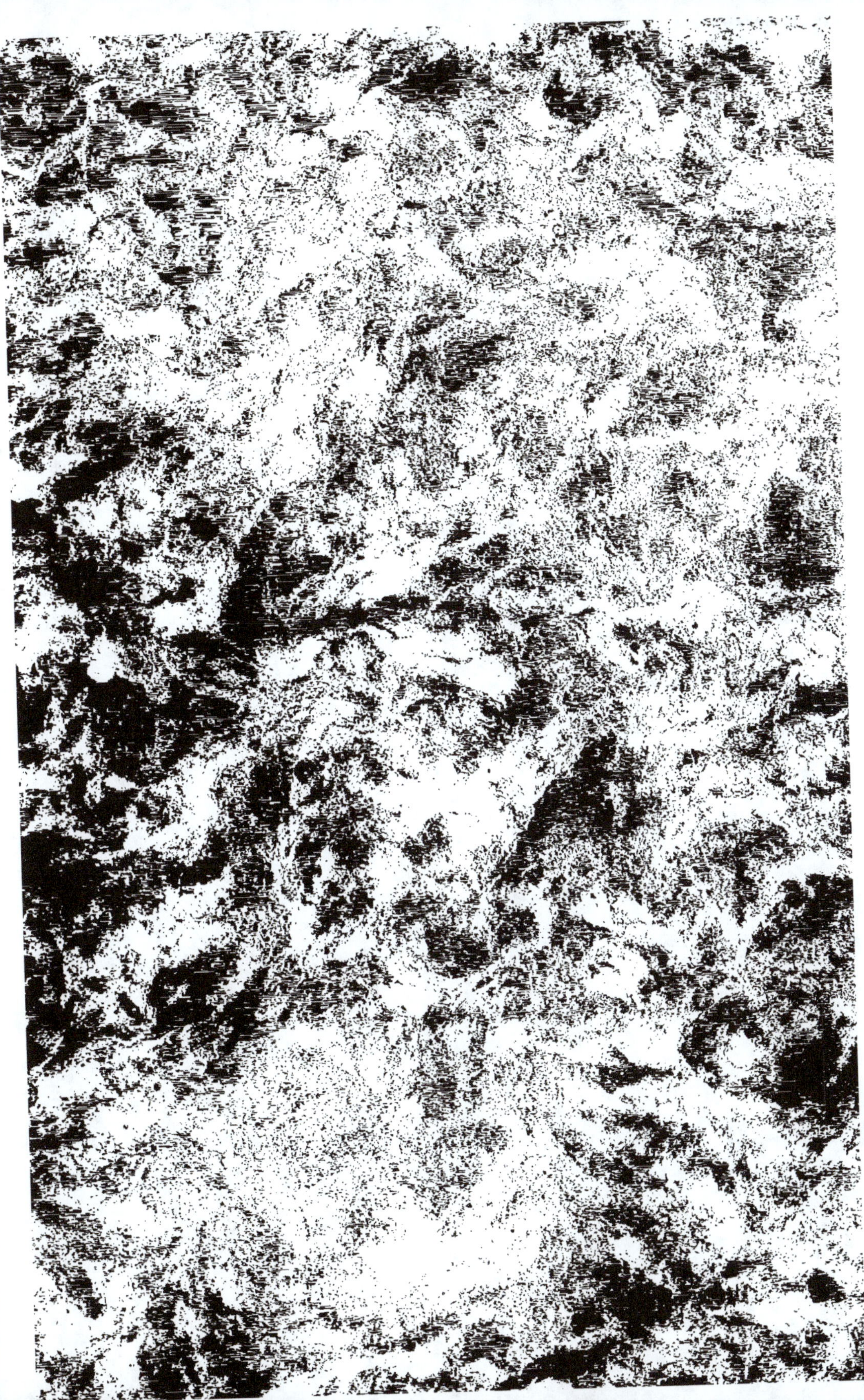

CATALOGUE

DES

OUVRAGES IMPRIMÉS

DE LA

BIBLIOTHÈQUE MUNICIPALE

DE METZ

PREMIER FASCICULE

METZ
IMPRIMERIE DE J. VERRONNAIS, RUE DES CLERCS, 11
1873

CATALOGUE

DES

OUVRAGES IMPRIMÉS

DE LA

BIBLIOTHÈQUE MUNICIPALE

DE METZ

PREMIER FASCICULE

METZ

IMPRIMERIE DE J. VERRONNAIS, RUE DES JARDINS, 14.

1878

AVANT-PROPOS.

<hr>

En Mai 1786, une bibliothèque fut ouverte à
Metz au public: c'était celle de l'Abbaye royale
des Bénédictins de Saint-Arnould, dont les deux
bibliothécaires étaient Dom Maugérard et Dom
Delré. Elle renfermait environ 15000 volumes
et des manuscrits d'un grand prix. D'autres
maisons religieuses, établies à Metz, possédaient
aussi des collections de livres assez riches, mais
où le public n'avait pas accès.

A la Révolution, les couvents ayant été fermés,
tous leurs livres furent réunis à l'ancienne Intendance. On y ajouta ceux des Émigrés et des
Avocats et on les confia à la garde d'un sieur
Lallemant. Peu de temps après, on les transporta
au Palais de l'ancien gouvernement, aujourd'hui
Palais de justice, et M. Bardou-Duhamel, désigné
comme organisateur et fondateur d'une bibliothè-

que municipale, fut chargé d'en faire un premier classement. Enfin on décida que l'ancienne église des Petits-Carmes serait transformée en bibliothèque et recevrait le dépôt renfermé dans les salles du 2e étage du Palais du gouvernement. Ce fut à la rentrée de Novembre 1811 que le nouvel établissement fut ouvert. Il était placé sous la direction de M. le comte de Jaubert, auquel succédèrent MM. Holandre, Clercx, Malherbe, V. Jacob et Lorrain.

En 1820, la collection était estimée à 24000 volumes; en 1834, à 28000. Depuis cette époque, le nombre des livres s'est considérablement accru, grâce aux allocations de l'Administration municipale et aux dons des particuliers, des Gouvernements et des Sociétés savantes des divers pays.

C'est ainsi qu'en 1833, on fit l'acquisition d'une partie de la bibliothèque de M. le baron Marchant, ancien Maire de Metz et bibliophile très-entendu. On doit citer, parmi les objets dont s'enrichit alors la collection municipale, des ouvrages et des gravures nombreuses du célèbre artiste messin Sébastien Le Clerc.

En 1849, eut lieu une vente de livres ayant appartenu au comte Emmery. C'étaient surtout des ouvrages et des manuscrits relatifs à l'Histoire locale, et les Conservateurs de la Bibliothèque n'eurent garde de laisser échapper une occasion si belle d'augmenter les richesses de l'établisse-ment qu'ils dirigeaient.

Madame Poncelet, veuve du Général de ce nom, fit don en 1869, d'un nombre considérable d'ouvrages scientifiques, ayant appartenu à son mari, enfant de Metz et l'un des plus grands géomètres de notre époque. Ces livres convenaient particulièrement à une ville où les études mathématiques, malgré les difficultés — ou peut-être à cause des difficultés dont elles sont hérissées, — ont toujours été en grand honneur.

M. le docteur Warin légua, en 1871, un choix remarquable d'ouvrages relatifs à la médecine. Enfin, l'un des bibliothécaires, M. Lorrain, mort en 1873, laissa une collection de classiques et d'ouvrages relatifs à l'archéologie.

Telles sont les phases principales par lesquelles a passé le développement de la Bibliothèque municipale de Metz. Aujourd'hui cet établissement possède 21000 ouvrages représentant 43000 volumes ou brochures *. Indépendamment des imprimés, on y trouve 1063 manuscrits parmi

---

* Un *Catalogue des Incunables* est sous presse. Il a été dressé par M. V. Jacob, ancien Bibliothécaire de la ville.

lesquels 271 traitant spécialement de l'Histoire locale.

C'est en effet l'Histoire locale qui attire le plus les lecteurs à la Bibliothèque. L'expérience nous l'a démontré. Nous croyons donc aller au-devant de leurs désirs, en commençant ce catalogue par la nomenclature des ouvrages imprimés relatifs à l'Histoire de Metz et du Pays-Messin.

A.-A. S.

CATALOGUE

DES

OUVRAGES IMPRIMÉS RELATIFS A L'HISTOIRE DE METZ

ET DU PAYS-MESSIN

SECTION I.

Histoire générale, — Annales, — Chroniques.

1. Histoire générale de Metz, par des religieux Bénédictins de la congrégation de St-Vannes*, associés de différentes Académies et membres titulaires de l'Académie royale des sciences et des arts de Metz.

Metz, J.-B. Collignon, 1769-90. 6 vol. in-4.

2. Histoire de la Ville de Metz, depuis l'établissement de la République jusqu'à la Révolution française, par M. Justin Worms. — Ouvrage couronné en 1848 par l'Académie nationale de Metz. 2e édition.

Metz, M. Alcan, libraire-éditeur. -- Paris, A. Durand, libraire, 1863. 1 vol. in-12.

---

* Dom Jean-François et Dom Nic. Tabouillot.

3. Metz, cité épiscopale et impériale (dixième au seizième siècle). — Un épisode du régime municipal dans les les villes romanes de l'Empire germanique, par H. Klippfel, docteur ès-lettres , examinateur d'admission à l'école militaire de Saint-Cyr.

Bruxelles, Hayez, 1869. 1 vol. in-8.

4. Dictionnaire du département de la Moselle, contenant une histoire abrégée des anciens Rois de Metz, de la République Messine, des Évêques de Metz, des monuments civils et religieux du pays, et un Dictionnaire des villes, des bourgs et des villages qui composent le département de la Moselle, avec des notes historiques et statistiques sur chacun d'eux, par M. Viville, chevalier de l'Ordre royal de la Légion d'Honneur, ancien secrétaire général de la Préfecture.

Metz, Antoine, 1817. 2 vol. in-8.

5. Trois-Evêchés, Pays Messin, Toulois, Verdunois.

(Extrait de l'*Histoire des villes de France*, d'Aristide Guilbert.) Paris, Furne et Cie, Perrotin, 1853, série de 10 livraisons, grand in-8 (contenant une Histoire de Metz, par F. de Saulcy, membre de l'Institut).

6. Metz Ancien, par feu M. le baron d'Hannoncelles, premier Président à la Cour royale de Metz. Ouvrage édité par M. Tardif de Moidrey.

Metz, typog. de Rousseau-Pallez, éditeur, 1856. 2 volumes in-folio, avec 600 blasons sur bois intercalés dans le texte.

7. Metz depuis 18 siècles, son peuple, ses institutions, ses rues, ses monuments, par Émile Bégin.

Metz, Verronnais, 1843. 3 vol. in-8 avec gravures.

8. Les Antiquités de Metz, ou recherches sur l'origine des Médiomatriciens, leur premier établissement dans les Gaules, leurs mœurs, leur religion, par Dom J. Cajot.

Metz, Joseph Collignon, 1760. In-12.

9. Les Origines de Metz, Toul et Verdun. — Études archéologiques et philologiques par le P. Bach.

Metz, Rousseau-Pallez, 1863. In-8.

10. Geschichte der Stadt Metz, von Weftphal Major von der Armée.
I. Theil : Bis zum Jahre 1552.
II. Theil : Bis zum Jahre 1804.
Mit einem plan der Stadt 1652.

Metz, Deutsche Buchhandlung (Georg Lang), 1875-1876. 2 vol. in-8.

11. Documents pour servir à l'Histoire de Metz par Chabert.

Extrait des *Mém. de l'Acad. de Metz*, 1861-62, br. in-8.

12. Résumé de l'Histoire de Metz (notes inédites — de 1538 à 1817, — recueillies et publiées par H. X. Lorette.)

Metz, imp. de Nouvian. Broch. in-folio de 12 pages

13. Histoire du royaume mérovingien d'Austrasie, par
M. A. Huguenin, professeur à la faculté des lettres
de Nancy.

Paris, Durand, 1862. 1 vol. in-8.

14. Histoire des Francs d'Austrasie, par P. A. F.
Gérard, 2ᵉ édition.

Bruxelles, librairie universelle de J. Rozez, 1865. 2 vol. in-8.

15. Histoire du royaume d'Austrasie, par Aug. Digot.

Nancy, Wagner, 1863. 4 vol. in-8.

16. Austrasiæ reges et dvces epigrammatis, per
Nicolaum Clementum Trelæum Mozellanum descripti.

Coloniæ, 1591. In-4. fig.

17. Le premier (et le second) volume des antiquitez de
la Gaule Belgicque, Royaulme de France, Austrasie et Lorraine..... par Richard de Wassebourg
Archidiacre en l'église de Verdun.

Paris, Vincent Sertenas, 1549. 2 tom. en un vol. in-folio.

18. Les Chroniques de la ville de Metz, recueillies,
mises en ordre et publiées, pour la première fois,
par J.-F. Huguenin de Metz, imprimées et éditées
par S. Lamort, enrichies du plan de Metz et des
attaques dirigées contre cette ville par Charles-
Quint en 1552 (900-1552).

Metz, S. Lamort, 1838. 1 vol. gr. in-8.

19. Chronique de Metz de Jacomin Husson, 1200-1525, publiée d'après le manuscrit autographe de Copenhague et celui de Paris, par H. Michelant.

Metz, Rousseau-Pallez, 1870. 1 vol. in-8.

20. La guerre de Metz en 1324, poème du XIVe siècle, publié par E. de Bouteiller, ancien député de Metz, suivi d'études critiques sur le texte par F. Bonnardot.

Paris, Firmin Didot, 1875. 1 vol. in-8.

21. Journal de Jehan Aubrion, bourgeois de Metz, avec sa continuation par Pierre Aubrion, 1465-1512, publié en entier pour la première fois par Lorédan Larchey.

Metz, Blanc, 1857. 1 vol. in-8.

22. Gedenkbuch des Metzer Bürgers Philippe Von Vigneulles aus den jahren 1471 bis 1522...... herausgegeben von Dr Heinrich Michelant.

Stuttgard, 1852. 1 vol. in-8.

23. Hannés Krantz, ennemi de la Cité de Metz, 1485-1493, par M. de Bouteiller.

Metz, Rousseau-Pallez, 1864. In-8. (Extrait des *Mémoires de la société d'Archéologie et d'Histoire de la Moselle*, 1864.)

24. Notice historique sur Robert II de la Marck, prince de Sedan et duc de Bouillon, pensionnaire de la Cité de Metz (1485-1536), par M. E. de Bouteiller, membre de l'Académie impériale de Metz.

Metz, typog. Rousseau-Pallez, 1865. 1 vol. in-8. (Extrait des *Mémoires de la Société d'Archéologie et d'histoire de la Moselle.*)

25. Histoire de Frantz de Sickingen, chevalier allemand
du Seizième Siècle, par E. de Bouteiller, ancien
capitaine d'artillerie, membre de l'Académie impériale de Metz.

Metz, imp. de Rousseau-Pallez. 1860. 1 vol. in-8.

26. Journal de Jean Bauchez, greffier de Plappeville
au XVIIe siècle, publié pour la première fois, par
Ch. Abel et E. de Bouteiller, 1551-1651.

Metz, Rousseau-Pallez, 1868. 1 vol. in-8.

27. Journal de Sébastien Floret, religieux bénédictin
de l'abbaye royale de Saint-Arnould de Metz (1587-
1638), publié pour la première fois par F.-M. Chabert.

Metz, Rousseau-Pallez, 1862. Broch. in-8.

28. Recueil journalier de ce qui s'est passé de plus
mémorable dans la Cité de Metz, Pays-Messin et aux
environs, de 1656 à 1674, fait par J. Ancillon, publié
par F. Chabert, d'après le manuscrit original de la
bibliothèque de Metz.

Metz, Rousseau-Pallez, 1860. In-12.

29. Recueil journalier de ce qui s'est passé de plus
mémorable dans la Cité de Metz depuis le mois de
juin 1674 jusqu'à 1683 inclusivement, fait par Joseph
Ancillon, publié par F.-M. Chabert.

Metz, Rousseau-Pallez, 1866. 1 vol. in-12.

30. Annales de Metz depuis l'an 1724 inclusivement,
par feu Monsieur Baltus, notaire, ancien Conseiller-

Échevin de l'Hôtel de Ville, pour servir de supplément aux Preuves de l'Histoire de Metz.

A Metz, de l'imprimerie de Claude Lamort, 1789. 1 vol in-4
avec table analytique par M. F.-M. Chabert.

31. Les Croniques (*sic*) de la noble Ville et Cité de
Metz par Jean le Chatelain, réimprimées pour la pre-
mière fois et suivies de notes bibliographiques par
M. F.-M. Chabert.

Metz, typog. de Rousseau-Pallez, 1856. 1 vol. in-8.

32. Jean le Chatelain. — Les Croniques de la noble
Ville et Cité de Metz depuis la fondation d'icelle et en
quel temps elle fut construite.

Metz, Veuve Bouchard, MDCXCVIII. 1 vol. in-12.

33. Les derniers jours de la République messine (tirés
de la bibliothèque particulière de M. Lorette).

Paris, L. Richard, 1865. 1 broch. in-8 portant à la fin le
nom de l'auteur J.-B. Nimsgern.

34. Relation du Siége de Metz en 1444 par Charles VII
et René d'Anjou, publiée sur les documents ori-
ginaux, par MM. de Saulcy et Huguenin aîné, membres
correspondants du ministère de l'instruction publique, pour les recherches relatives à l'histoire de
France.

Metz, L. Troubat, éditeur ; librairie Devilly, 1835. Imprimerie
S. Lamort. 1 vol. in-8 avec planches.

35. Notice sur les deux Siéges de Metz de 1444 et de 1552, suivie de la relation du simulacre du siége de cette ville pendant septembre 1844, et des opérations des Camps de la Moselle.

A Metz, chez Verronnais, imprimeur-libraire, 1844. 1 fort vol. in-8 édition de luxe. (Le récit des sièges de 1444 et de 1552, extrait du *Moniteur de l'Armée*, est dû à la plume de M. Merson, chef d'escadron, membre correspondant de l'Académie de Metz).

36. Brief discours du Siége de Metz en Lorraine, rédigé par escript, de jour en jour, par un Soldat, à la requeste d'un sien amy.

Metz, Lecouteux, 1846. Typog. de Nouvian. Imprimé à soixante exemplaires avec plan. 1 vol. in-8.

37. Extrait de lean Carion sur le Siége de Metz en 1552.

Metz, Lecouteux, 1847. Imp. de Nouvian. 1 vol. in-8.

38. Relation du Siége de Metz, en 1552, par Ambroise Paré.

Metz, Lecouteux, 1847. Imp. de Nouvian. 1 vol. in-8 tiré à 60 exemplaires et orné d'un portrait d'Ambroise Paré à l'âge de 48 ans.

39. Journal du Siége de Metz de 1552 et Notes historiques tirées de la bibliothèque de M. Lorette, libraire. Deuxième édition.

Paris, L. Richard, 1865. Metz, imp. et lithog. Nouvian. Broch. in-8. (On trouve à la fin de ce journal un Aperçu des ouvrages sur le Siége de Metz en 1552.)

40. Breve discorso de lo assedio di Metz in Loreno, con la figvra de la pianta de la Città, e parte de la Campagna, e corsi de le riuiere, e luoghi done Stettero accampati gli Imperiali.

In Lyone, per Philiberto Roletto. 1553. In-4.

41. L'avant-dernier Siége de Metz en l'an 1552, par Eugène d'Auriac.

Paris, librairie de la Société des gens de lettres. Imp. de Gautier Villars. 1 vol. in-12.

42. Journal du Siége de Metz en 1552 (par Salignac). Documents relatifs à l'organisation de l'armée de l'empereur Charles-Quint et à ses travaux devant cette place..... recueillis et publiés par M. F.-M. Chabert, membre titulaire de l'Acad. impér. de Metz.

Metz, typog. de Rousseau-Pallez, MDCCCLVI. 1 vol. in-4 (avec planches et une traduction *d'extraits des archives de Simancas*).

43. Le Siége de Metz par l'Empereur Charles V, en l'an M. D. LII. Où l'on voit comme Monsieur de Guise et plusieurs grands Seigneurs de France, qui estoient dans ladite Ville *ce* (*sic*) sont comportés à la *deffence* (*sic*) de la place.

A Metz, chez P. Collignon, imprimeur ordinaire du Roy et de la Ville, M. DC. LXV. 1 vol. petit in-4. — Cet ouvrage commence par une dédicace « à Messire Iean Iacqves de Govrnay, chevalier seigneur de Secovrt etc Me Eschevin... » par P. Collignon.

44. Ephémérides du Siége et saillyes de Metz. A Monseigneur le Davlphin, Y L. Sr des Chagnatz, soldat

en la compagnie du *cappitaine* (*sic*) Voguedemar.
(Relation faisant suite aux Chroniques de Metz
publiées par Huguenin .)

In-4.

45. Relation du Siége de Metz, par Charles-Quint, en
1552, avec un plan de la ville de Metz à cette époque,
par A. Charlier, capitaine au 22e léger. (Extrait du
Spectateur militaire, cahier d'octobre 1841.)

Paris, imp. de Bourgogne et Martinet, 1841. Broch. in-8.

46. Le Siége de Mets, en l'an M.D.LII. (par de Salignac).

A Paris, chez Charles Estienne, imprimeur du Roy. M.D.LIII.
Par privilége dudict Seigneur.

Le récit est précédé d'une dédicace au Roy datée de Paris,
vx de May, 1553, par B. de Salignac. 1 vol. petit in-4 avec :
« *le plant de la ville de Mets, selon sa vraye proportion* »

47. Beschreibung der ganzen Kriegshandlung auch von
der Statt Metz und von ihr Belegerung (1553).

Broch. in-4 de 22 pages, se terminant par ces mots : Jacobus
Welber von Weinbach.

48. Journal de Henri Messer (Juin 1712) publié par A.
Bonvarlet et J. Thilloy.

Metz, F. Blanc, 1870. In-8.

Note.—Henri Messer, aide-de-camp du général de Grovestein...
Le titre de son journal est *in extenso :* « Journal de la course *faite*
en la campagne 1712 par un détachement de *cavallerie* (*sic*) dragon
houzard de l'armée de S. A. S. le prince Eugéne de Savoie com-
mandés par S. E. Monsieur de Grovestin Lt général de *cavallerie* (*sic*) quartier Maître général de l'Infanterie au service de
LL. HH. Puissances les États *généreaux* (*sic*) des provinces unies
et gouverneur de la Ville de Berg op Zoom, et dépendances
d'icelle, tenus par le sieur Henry Messer en ce temps Ecuyer
aide de camp dudit général. »

49. Faits concernant la ville de Metz et le Pays-Messin.

> Broch. in-8., sans frontispice, sans date et sans nom d'auteur. — Attrib. à Emmery.

50. Etudes sur la Lorraine, dite Allemande, le Pays-Messin et l'ancienne province d'Alsace, par D. A. Godron, docteur en médecine et docteur ès-sciences, doyen honoraire de la faculté des Sciences de Nancy... 2e édition, revue et augmentée.

> Nancy, typ. G. Crépin-Leblond, 1875. Br. in-8.

51. La Moselle. Histoire, institutions, antiquités, monuments, paysages, par une Société d'artistes et de gens de lettres.

> Metz, Lorrette, 1853. In-fol 44 pp. grav.

52. Etudes sur l'Histoire de Metz. Les légendes, par A. Prost, membre de l'Académie de Metz.

> Metz, Rousseau-Pallez, 1865. 1 vol. in-8

53. Histoire des Évesques de l'église de Metz, par le R.-P. Meurisse, évesque de Madaure.

> Metz, Jean Anthoine, 1633. 1 vol. in-4.

54. Histoire de la naissance, du progrès et de la décadence de l'hérésie dans la ville de Metz et dans le Pays-Messin, par le R.-P. Meurisse.

> Metz, Jean Antoine, 1642. 1 vol. in-4.

55. Le bourgeois de Metz au 15e Siècle. — Philippe de Vigneulles. — Conférence faite à l'Hôtel de Ville de Metz, par M. Cailly, avocat.

> Metz, Rousseau-Pallez, 1867. Broch. in-8.

56. Les maîtres bombardiers, canonniers et couleu-
vriniers de la Cité de Metz, par Lorédan Larchey, de
la bibliothèque Mazarine.

Paris, Dumaine, 1861. In-8.

57. Mémoire au sujet du prix : Comment la ville de
Metz est-elle passée sous la puissance des Empereurs
d'Allemagne? par Gotsmann de Thurn.

Metz, 1769. 1 br. in-12.

58. La bulle d'or à Metz. Etude sur le droit public
d'Allemagne, par Ch. Abel.

(Extr. des *Mémoires de l'Acad. de Metz.*)
Nancy, Réau, 1873. 1 br. in-8.

59. Louis IX et le Luxembourg, par M. Ch. Abel,
membre de l'Académie de Metz.

Imp. impér. 1869., Broch. in-8.

60. Louis XI et les bourgeois de Metz par Ch. Abel,
docteur en droit... etc.

Paris, imp. impér. 1864. 1 broch. in-8.

61. Les Institutions communales dans le dép. de la
Moselle, par Ch. Abel, avocat...

(Extr. des *Mémoires de l'Acad. de Metz.*)
Metz, Blanc, 1859-1875. 6 broch. in-8.

62. Les Paraiges Messins, étude sur la république
messine, du 13e au 16e siècle, par F.-D.-H. Klippfel.

Metz, Warion, 1863. 1 vol. in-8.

63. Le Patriciat dans la cité de Metz, par Auguste Prost, membre de l'Académie de Metz, membre résidant de la Société des Antiquaires de France.

Paris, 1873. 1 vol. in-8.

63 *bis*. Les Paraiges messins, par M. Aug. Prost, délégué de la Société d'archéologie et d'histoire de Metz. — Mémoire lu au Congrès des Sociétés savantes à la Sorbonne le 10 Avril 1874.

Metz, imp. J. Verronnais, s. d. Broch. in-8

64. Création des Notaires royaux dans la ville de Metz et suppression des Amans ou Notaires du Pays-Messin, par F.-M. Chabert.

Metz, Blanc, 1859. Broch. in-8. de 40 p.

65. De la souveraineté du Roy à Mets, Pays-Messin et autres villes.... etc., par R.-P. Charles Hersent, chancelier de l'église Cathédrale de Mets....

Paris, Thomas Blaire, 1632. 1 vol. in-12.

66. Articles de la neutralité accordée par le Roi d'Espagne à M. le Duc de Lorraine pour les duchés, pays et subjects comme aussi pour les villes, pays, terres, évêchés de Metz, Toul et Verdun.

Metz, Abrah. Fabert, 1594. In-12.

67. De l'adjonction des échevins aux tribunaux en Lorraine, par Charles Abel, député.

Thionville, imp. de Charier, 1876. Broch. in-8.

68. Histoire du Parlement de Metz, par Emmanuel Michel, conseiller à la Cour royale de Metz, membre de l'Académie de cette ville, chevalier de la Légion d'honneur.

A Paris, chez J. Techener, libraire, 1845. — Metz, typog. de Dembour et Gangel. 1 vol. grand in-8 illustré d'une lith. représentant le premier président Anthoine de Bretagne.

69. Journal en vers de ce qui s'est passé au camp de Richemont (près Metz), commandé par M. de Chevert. (Par F.-C. de Vallier, comte du Saussay.)

Metz, J. Collignon, 1755. In-4.

70. Journal historique, littéraire, scientifique de la ville de Metz et du département de la Moselle, du 1er janvier 1865 au 19 juillet 1870, par Chabert.

Nancy, Collin. In-8.

71. Journal de l'occupation de la ville de Metz par l'armée prussienne, du 29 octobre 1870 au 4 mars 1871, par Chabert.

Nancy, imp. Collin, 1873. 1 broch. in-8.

72. L'Austrasie, revue du nord-est de la France.

Metz, Verronnais, 1837-1839. 1re série de 5 vol. in-8.
Cette publication périodique et les suivantes renferment de nombreux articles sur l'histoire de Metz et du Pays-Messin.

73. Revue d'Austrasie, nouvelle série.

Metz, Alcan, 1840-1841. 2e série de 3 tomes in-8.

73 *bis*. Revue d'Austrasie, troisième série.

Metz, Alcan, 1842. 2 tomes reliés en un seul volume.

73 *ter*. Revue d'Austrasie, quatrième série.

> Metz, Alcan, 1843. 2 tomes reliés en un seul vol.

74. L'Austrasie, revue de Metz et de Lorraine.

> Metz, Pallez et Rousseau, 1853-1863. Série de 11 vol. in-8.

75. Revue de l'Est (l'Austrasie).

> Metz, Rousseau-Pallez, 1864. Série de six vol. in-8.

76. Revue de Metz.

> Imp. de J. Mayer-Samuel, 1844-1845. 3 vol. in-8.
> Deux années. La 2e année est divisée en deux tomes.

77. Mémoires de la Société d'Archéologie et d'Histoire de la Moselle.

> Metz, typ. de Rousseau-Pallez, éditeur, 1859. Publication in-8 de 13 vol. Le volume publié pour l'année 1873 est désigné sous le nom de treizième. A partir de 1872, ces Mémoires ont été imprimés chez J. Verronnais, à Metz.

78. Bulletin de la Société d'Archéologie et d'Histoire de la Moselle.

> Metz, typog. de Rousseau-Pallez, éditeur, 1858. Publication in-8 faite de l'année 1858 à l'année 1874, et comprenant une série de seize années. A partir de 1870, ces bulletins ont été imprimés chez J. Verronnais, à Metz.

79. Mémoires de l'Académie de Metz (fondée en 1819 et désignée d'abord sous le nom de Société des lettres, sciences et arts de Metz).

> Publication périodique in-8, qui a commencé à paraître en juillet 1821. Elle a été d'abord imprimée à Metz, successivement chez Antoine, Lamort, Blanc et E. Réau, puis à Nancy, chez Réau. La LVIe année porte la date 1874-1875. 61 vol. ou fascicules.

80. Metz littéraire en 1854.

Metz, Imp. F. Blanc, 1854. Dédié à l'Académie impériale de Metz, par F. Blanc. Ouvrage renfermant de nombreux articles sur Metz, rédigés par divers collaborateurs. 1 vol. in-4, tiré à 300 exemplaires.

81. L'Union des Arts. — Revue littéraire et artistique publiée sous les auspices de la Société de l'Union des Arts.

Metz, Imp. S. Lamort. Mme Salzard, 1851. — Publication in-4 en deux volumes, illustrée de figures, plans, gravures et musique, et renfermant de nombreux articles sur Metz.

82. Histoire des sciences, des lettres, des arts et de la civilisation dans le Pays-Messin, depuis les Gaulois jusqu'à nos jours , par Emile-Auguste Bégin, docteur en médecine, membre de plusieurs Académies.

Metz, Verronnais, imp. 1829. 1 vol. in-8, avec carte du département de la Moselle, et plan de Metz par Michaud.

83. Tablettes chronologiques de l'histoire du département de la Moselle depuis les temps les plus reculés, par F. Chabert.

Metz, Rousseau-Pallez, sans date. 1 vol. in-12.

84. Tablettes chronologiques de l'histoire du département de la Moselle depuis les temps les plus reculés, par M. Chabert, membre titulaire de l'Académie impériale de Metz... etc.

Metz, Pallez et Rousseau, 1854. 2 vol. in-12.

85. Annales du département de la Moselle, rédigées par écrit de jour en jour, par F. Chabert, de 1851 à 1855.

Public. in-fol. avec fig. dans le texte (recueil factice).
Metz, Imp. Nouvian.

86. Annales du département de la Moselle, par M. F.-M. Chabert, membre titulaire de l'Académie impériale de Metz. « *Et pius est Patriæ facta referre labor.*» De 1848 à 1858.

Metz, Lorette. 1 vol. in-8.

87. Une révolution au XVIe siècle. Chroniques messines, B. Faivre.

Paris, Pougin ; Metz, J. Troubat, 1835. In-8.

Cathédrale, — Abbayes, — Monastères.

88. Histoire et description pittoresque de la Cathédrale de Metz, des églises adjacentes et collégiales, par Émile Bégin.

Edition illustrée par MM. Devilly, Dupuy, Maréchal, Michaud, Migette, Nouvian, Salzard. Metz, lith. de Dupuy. Imp. de Verronnais, 1842. 2 vol. in-8.

89. La Cathédrale de Metz*. — Histoire et description par Chabert, membre titulaire de l'Académie impériale.

Metz, Rousseau-Pallez, 1861. Broch. in-8.

90. Notice historique sur l'église Cathédrale Saint-Étienne de Metz, par l'abbé Vaugein.

Metz, Rousseau-Pallez, 1861. Broch. in-8.

91. Notice sur la Cathédrale de Metz, par le comte Du Coëtlosquet.

Metz, typog. de Dembour et Gangel. Broch. in-8 (sans date).

---

* Voir aussi sur le même sujet le nº 150.

92. Recherches historiques sur la tour et la cloche de
Mutte de la Cathédrale de Metz, par M. Victor Jacob,
avocat, sous-bibliothécaire de la ville.
Metz, Rousseau-Pallez, 1864. 1 vol. in-8.

93. L'œuvre du peintre-verrier Hermann à la Cathédrale de Metz, par Ch. Abel, membre de la Société
d'archéologie et d'histoire de la Moselle, etc.
Tiré à 25 exemplaires. — Metz, typog. Rousseau-Pallez, 1865.
Broch. in-8.

94. Recherches sur d'anciens ivoires sculptés de la
Cathédrale de Metz, par Charles Abel, ancien avocat,
docteur en droit, etc.
Metz, typog. de Rousseau-Pallez, 1869. Broch. in-8 avec 4
pl. et une photog. (Extrait des *Mémoires de la Société d'Histoire
et d'Archéologie de la Moselle.*)

95. Cérémonial de l'église Cathédrale de Metz, renou-
velé par Messieurs les vénérables princier, doyen,
chanoines et chapitre de ladite église, en l'année
1694; approuvé et autorisé par Monseigneur l'Arche-
vêque d'Ambrun, évêque de Metz.
Metz, veuve F. Bouchard, 1697. 1 vol. in-4.

96. L'ancien diocèse de Metz et pouillés de ce diocèse,
par Henri Lepage.
Nancy, Lucien Viener, 1872. 1 vol. in-8. (Extrait des *Mémoires
de la Société d'archéologie Lorraine.*)

97. L'auguste basilique des princes, roys et empereurs
très-chrétiens des trois races royales de France,
fondateurs et bienfaicteurs de l'abbaye royale de
Saint-Arnovl de Mets, par André Valladier.
A Paris, chez Pierre Chevalier, MDCXV. 1 vol. in-4.

98. L'auguste basilique de l'abbaye royale de Saint-Arnoul de Mets, de l'ordre de Sainct-Benoict, pour le recouvrement, restablissement et maintien de son ancienne piété, exemption, immunité et gloire, par André Valladier, abbé de Sainct-Arnoul, docteur en théologie.....

A Paris, Pierre Chevalier, MDCXV. 1 vol. in-4.

99. Notice historique sur l'ancienne abbaye royale de Saint-Arnould, par le général Le Puillon de Boblaye.

Metz, Rousseau-Pallez, 1857. Broch. in-8.

100. Notice sur le couvent des Célestins, par M. E. de Bouteiller.

Metz, F. Blanc, 1862. Broch. in-8, renfermant des extraits de la chronique du monastère des Célestins de Metz, de 1371 à 1469. (Extrait des *Mémoires de l'Académie impériale de Metz*, année 1861-1862.)

101. Notice sur les Grands-Carmes de Metz et sur leur célèbre autel, par M. E. de Bouteiller, ancien capitaine d'artillerie, membre de l'Académie impériale de Metz.

Metz, F. Blanc, 1860. Broch. in-8. (Extrait des *Mémoires de l'Académie de Metz*, année 1859-60.)

102. Notice sur la commanderie de Saint-Jean de Jérusalem à Metz, par M. E. de Bouteiller.

Metz, F. Blanc, 1866. Broch. in-8. (Extrait des *Mémoires de l'Académie de Metz*, année 1865-1866.)

103. Notice sur les monastères de l'ordre de Saint-François à Metz, par M. E. de Bouteiller.

Metz, F. Blanc, 1868. Broch. in-8. (Extrait des *Mémoires de l'Académie de Metz.*)

104. Monastica Metensia. Recueil de notices sur quelques anciens monastères de Metz, par M. E. de Bouteiller membre de l'Académie impériale de Metz, etc.

Metz, Rousseau-Pallez, 1869. In-8.

105. Notice sur les anciennes abbayes de Saint-Pierre et de Sainte-Marie de Metz et sur la collégiale royale de Saint-Louis, par M. E. de Bouteiller.

Metz, F. Blanc, 1863. Broch. in-8. (Extrait des *Mémoires de l'Académie de Metz.*)

106 Charte de confirmation des biens de l'abbaye de Sainte-Glossinde, accordée aux religieuses de cette communauté par Thierri Ier xlviie évêque de Metz, le 1er Février 968.....

Metz, typog. et lithog. de Dembour et Gangel, 1843. In-fol.

107. Description historique de Metz et de ses monuments. 2e édition (*par M. F. Blanc*).

Metz, Lorette, 1852. In-12. Imp. S. Lamort.

Statistique. — Topographie.

108. Traité du département de Metz (*par Steiner*).

Metz, J. Collignon, 1756 In-4.

109. Mémoire statistique du département de la Moselle, adressé au ministre de l'intérieur, d'après ses instructions, par le C. Colchen, préfet de ce département, publié par ordre du gouvernement.

A Paris, de l'Imp. de la République. An XI (1803). 1 vol. in-fol.

110. Statistique historique, industrielle et commerciale du département de la Moselle, contenant les villes, bourgs, villages, annexes, hameaux, moulins, fermes, usines, rivières et ruisseaux....... par Verronnais...

Metz, Verronnais ; Paris, Roret, 1844. — Suivie d'un *Supplément* publié en 1852 ; à Metz, chez Verronnais ; à Paris, chez Courcier. 2 vol. in-8.

111. Statistique du département de la Moselle, publiée sous la direction de M. le comte de Chastellux avec la collaboration de MM. Goulier, Grellois, Jacquot, Terquem, A. Malherbe.

Metz, Pallez et Rousseau, éditeurs, 1854. 1 vol. in-8 avec un atlas.

112. Le territoire du département de la Moselle, histoire statistique, par M. de Chastellux, conseiller de préfecture.

Metz, Maline, 1860. In-4.

113. Dénombrement des villages et gagnages des environs de Metz au commencement du XVe siècle, tiré d'un manuscrit de la bibliothèque, par P. de Mardigny.

Metz, Blanc, 1855. Broch. in-8 de 98 pages.

114. Etymologies du nom de toutes les villes et de tous les villages du département de la Moselle, par Auguste Terquem, de Metz, deuxième édition revue et complétée.

Metz, Lorette; Paris, Richard, 1864. 1 vol. in-8, imp. et lith. de Nouvian.

115. Dictionnaire topographique de l'ancien département de la Moselle, comprenant les noms de lieu anciens et modernes; rédigé en 1868, sous les auspices de la Société d'archéologie et d'histoire de la Moselle, par M. de Bouteiller, président de cette société.

Paris, Imp. nationale, 1874. 1 vol. in-4.

116. Dictionnaire topographique de l'arrondissement de Sarreguemines, par Jules Thilloy.

Metz, Rousseau-Pallez, 1862. Broch. in-8 de 129 p.

117. Topographie physique et médicale de Metz et de ses environs, par J.-Ch. Brault, D. M. P., pharmacien-major breveté, démonstrateur à l'hôpital militaire d'instruction de Metz.

Sans indication de date, ni de lieu d'impression, ni de libraire éditeur. (Inséré dans un recueil de Mémoires de médecine, de chirurgie et de pharmacie militaires) 1826? In-8.

Biographie.

118. Biographie de la Moselle ou histoire par ordre
alphabétique de toutes les personnes nées dans ce
département, qui se sont fait remarquer par leurs
actions, leurs talents, leurs écrits, leurs vertus ou
leurs crimes, par Émile-Auguste Bégin, auteur de
l'Histoire littéraire du Pays-Messin.

Metz, Verronnais, 1829-1832. 4 vol. in-8 avec portraits.

119. Templum Metensibus Sacrum, Carmen. Le tem-
ple des messins, poëme par dom Bernardin Pierron,
bénédictin, professeur d'humanités au collége de
Metz, de la Société royale des Sciences et des Arts
de la même ville.

Metz, J.-B. Collignon, 1679. 1 vol. in-8.

120. Notes pour servir à la biographie de quelques
messins des siècles passés, par M. de Bouteiller.

Metz, Imp. de J. Verronnais, 1873. Broch. in-8. (Extrait des
Mémoires de la Société d'Archéologie et d'Histoire de la Moselle,
année 1872.)

121. Nouvelle Biographie de la Moselle, par les collaborateurs de l'Austrasie. Premier volume.

Metz, typog. de Rousseau-Pallez, 1855. Un fascicule in-8 de
70 pages, commençant à Abocourt (Jean d') et s'arrêtant à Aubrion (Jehan). Cette dernière biographie n'est pas complète. La
publication a été interrompue.....

122. Biographie du Parlement de Metz, par Emmanuel
Michel, conseiller honoraire à la Cour impériale de
Metz, etc.

Metz, Nouvian, 1853. 1 vol. in-4.

123. Biographie populaire du département de la Moselle à l'usage des écoles, par Emm. Michel, conseiller à la Cour d'appel de Metz.

Metz, Alcan (sans date). 1 vol. in-16.

124. Notice sur Thiébault Louve, XXIVe abbé du monastère de Saint-Clément de Metz, 1390-1421, par F.-M. Chabert.

Metz, typ. de Pallez et Rousseau, 1853. Broch. in-8. (Extrait de *l'Austrasie, Revue de Metz et de Lorraine.*)

125. Vie de sainte Glossinde, fondatrice du premier monastère de Metz, par l'abbé F. Wendling.

Metz, Ballet, 1870. In-8.

126. Maison de Raigecourt.

Veuve Leclerc, imprimeur de l'Intendance, 1774. 1 vol. in-4.

127. Mémoires de la vie de François Scepeaux, sire de Vieilleville*, par Vincent Carloix.

Paris, Guérin, 1757. 5 vol. in-8.

128. Claudius Cantiuncula, jurisconsulte messin du XVIe siècle, par M. Aug. Prost, membre de l'Académie impériale de Metz.

Metz, F. Blanc, imp., 1868. Broch. in-8. (Extrait des *Mémoires de l'Académie impériale de Metz*, année 1867-1868.)

---

* Gouverneur de Metz.

129. Notice historique sur Jean de Tevalle, lieutenant-général au gouvernement de Metz et Pays-Messin, 1568-1581, par F.-M. Chabert.

Broch. in-8 sans date ni lieu d'impression.

130. Lettres d'anoblissement accordées en 1601, par Charles, duc de Lorraine, à Philippe de Vigneulles, citoyen de Metz, petit-fils du chroniqueur, par F.-M. Chabert.

Metz, imp. Rousseau-Pallez. Broch. in-8.

131. Notice historique sur Nicolas Maguin, aman de la paroisse Saint-Jean, Saint-Vic, trois fois Maître-Échevin de la ville de Metz au XVIIe siècle, par F.-M. Chabert.

Metz, typog. de Pallez et Rousseau, 1853. Broch. in-8. (Extrait de l'*Austrasie*, revue de Metz et de Lorraine.)

132. Étude biographique. Pierre Joly, seigneur de Bionville, procureur général ès-ville de Metz et Pays-Messin, par F.-M. Chabert.

Metz, imp. Lamort, 1854. Broch. in-8. (Extrait de *Metz littéraire.*)

133. Histoire du Maréchal de Fabert, lieutenant-général des armées du Roy, gouverneur des ville et château de Sedan, etc.

Amsterdam, Henri Desbordes, 1697. 1 vol. in-12. (L'auteur de cet ouvrage est Gatien Courtilz de Sandras.)

4

134. Vie de M. le Marquis de Fabert, Maréchal de France, par le P. Barre, chanoine régulier, chancelier de l'abbaye de Ste-Geneviève et de l'université de Paris.

Paris, Jean-Thomas Herissant, 1752. 2 vol. in-12.

134 *bis.* Le Maréchal Fabert * d'après ses mémoires et sa correspondance, par E. de Bouteiller, ancien député de Metz.

Tours, Alfred Mame et fils, éditeurs. 1 vol. grand in-8.

135. Vie militaire du Maréchal Fabert, extraite de la Biographie de la Moselle de E.-A. Bégin.

Metz, imp. de Verronnais, 1842. Broch. iu-8.

136. Le Maréchal Fabert, par Théophile Ménard.

Tours, Alfred Mame et fils, éditeurs. 1 vol. in-12.

137. Éloge du Maréchal Fabert, par N. Altmayer, cultivateur à Saint-Avold.

Metz, imp. de P. Wittersheim, 1837. Broch. in-8.

138. Mémoire historique sur le Maréchal Abraham Fabert, par Dom N.-H.-L. Bardou-Duhamel.

Metz, 1779. In-8.

139. Discours prononcé le 30 Octobre 1842, à l'inauguration de la statue de Fabert, par M. Culmann, lieutenant-colonel d'artillerie, etc.

Metz, imp. de S. Lamort. Broch. in-8.

---

* Sur le même personnage, on trouvera dans l'ouvrage de M. E. de Bouteiller, des indications bibliographiques nombreuses.

140. Éloge de M. le Maréchal de Merci, baron du Saint-Empire d'Allemagne, général en chef des armées bavaroises, général des armées de l'Empereur, né à Merci (Moselle), en 1605, mort au champ d'honneur le 3 août 1645, à Nordlingen (Bavière), par Adolphe Lang, membre de la Société d'arch. et d'hist. de la Moselle.

Metz, typog. de Rousseau-Pallez, 1861. Broch. gr. in-8.

141. Notice sur Charles-Louis-Auguste Foucquet, duc de Belle-Isle, gouverneur de la province des Trois-Évêchés, fondateur de l'Académie royale de Metz, maréchal et pair de France, ministre de la guerre, membre de l'Académie française, avec un précis historique des travaux et des embellissements exécutés dans la ville de Metz, de 1729 à 1761, par M. F.-M. Chabert, membre titul. de l'Acad. imp. de Metz, etc.

Metz, typog. de Rouseau-Pallez, éditeur, 1856. 1 vol. in-8.

142. Notice sur C.-L.-A. Foucquet, duc de Belle-Isle, gouverneur de la province des Trois-Évêchés, etc., par M. F.-M. Chabert.

(Cet opuscule est un appendice à la notice précédente.)
Metz, typog. Rousseau-Pallez. Broch. in-8.

143. Éloge du Maréchal de Belle-Isle. — Discours prononcé à la séance solennelle de l'Académie impériale de Metz, le 11 Mai 1862, par M. L. Leclerc, président.

Metz, F. Blanc, 1862. Broch. in-8. — Notes et indications bibliographiques nombreuses à la suite du discours.

Sur le même personnage on trouvera, dans les *Mémoires de l'Académie de Metz* : Le Maréchal de Belle-Isle, discours à la séance publique du 9 Mai 1847, par le chevalier Emmanuel Michel, conseiller à la Cour.

144. Notice sur Madame la Maréchale Duchesse de Belle-Isle, par L. Leclerc.

Metz, F. Blanc, 1864. Broch. in-8. — Notes nombreuses à la suite de la notice. Tirée à 100 exemplaires. (Extrait des *Mémoires de l'Académie de Metz*, année 1863-1864.)

145. Etude historique sur les Fouquet de Belle-Isle, d'après des actes et titres manuscrits, par M. L. T^{re} Juge (de Tulle), chevalier de la Légion d'Honneur.

Paris, librairie héraldique de J.-B. Dumoulin, 1866. Une broch. gr. in-8. (Extrait de la *Revue Nobiliaire*, 1865 et 1866.)

146. Deux lettres inédites du Maréchal duc de Belle-Isle, touchant l'établissement définitif de la Société royale des Sciences et des Arts de la ville de Metz, communiquées par M. F.-M. Chabert.

Broch. in-8 avec un portrait du Maréchal. (Extrait des *Mémoires de l'Académie de Metz*, année 1860-1861.)

147. Histoire ou éloge historique du Maréchal de Belle-Isle.

Broch. in-4 extraite de la *France illustre* ou le *Plutarque Français*, par M. Turpin, année 1775 (avec un portrait gravé du Maréchal, portant la mention : *Vin. Vangelisty Fecit* 1775).

148. Le comte de Gisors, 1732-1758. Étude historique par Camille Rousset, conservateur des Archives historiques de la guerre.

Paris, librairie académique Didier et Cie, libraires éditeurs, 1868. Imprimerie P. A. Bourdier. 1 fort vol. in-8.

149. Notice historique et biographique sur le général Chevert, accompagnée d'un autographe, de notes et d'une généalogie indiquant la parenté de Chevert avec plusieurs familles habitant encore la Lorraine, par Gaston des Godins, étudiant en droit.

Metz, imp. F. Blanc, 1861. Broch. in-8.

150. J.-F. Blondel et son œuvre, par Aug. Prost, membre de l'Académie impériale de Metz.

Metz, typ. de Rousseau-Pallez, éditeur, 1860. Broch. gr. in-8.

151. Mémoire historique sur M. Lançon, maître-échevin de Metz (par Bardou-Duhamel).

Sans lieu, 1779. In-16.

152. Étude historique sur Pierre Maujean, dernier maître-échevin de la ville de Metz, par M. F.-M. Chabert, membre titulaire de l'Académie impériale de Metz.

Metz, F. Blanc, imprimeur, 1861. Broch. in-8. (Extrait des *Mémoires de l'Académie impériale de Metz*, année 1860-1861.)

153. Biographie de la Moselle. Le baron Bonaventure, 1753-1831, par A.-J. Van K*** (de Bruxelles).

Metz, typog. de Rousseau-Pallez, sans date. (Extrait de l'*Austrasie*.) Broch. in-8.

154. Esquisses biographiques et littéraires, par E.-A. Bégin. (Tiré à 50 exemplaires.)

Metz, Dembour et Gangel, s. d. Gr. in-8. (Cette publication contient une notice étendue sur *Pilâtre de Rozier* et les aérostats).

155. La vie et les mémoires de Pilâtre de Rozier *,
écrits par lui-même et publiés par M. T*** (*Tournon
de la Chapelle*).

A Paris, chez l'éditeur et chez Bélin, Bailly, Mérigot, 1786.
1 vol. in-12.

156. Mémoire historique sur Jean-Baptiste Bécœur,
1778.

Sans noms de lieu, d'auteur ni d'imprimeur. Broch. in-8.

157. Biographie de M. Louis Antoine, par M. Gubler.

Paris, typog. Henri Plon. Broch. in-8. (Extrait de la *Biographie
universelle* (Michaud, tome XXV.)

158. Éloge de Pierre-Louis Rœderer. — Discours prononcé le 22 Novembre 1856 à la séance d'ouverture
des conférences de l'ordre des Avocats à la Cour
impériale de Metz, par M. Henry Piette, juge sup-
pléant au Tribunal de Briey.

Metz, typog. de Rousseau-Pallez, 1856. Broch. in-8.

159. Ouverture des conférences des Avocats à la Cour
impériale de Metz, 14 novembre 1859. — Éloge de
Claude Rulland, avocat au Parlement de Metz, prononcé par M. Adrien de Cléry, avocat.

Metz, typog. de Nouvian, 1859. Broch. in-8.

---

* On trouvera dans les « *Mémoires de l'Académie de Metz* » une notice
sur le même personnage, par L. Babinet (année 1864-65), et une Ode, par
Mélanie Bourotte (année 1865-66).

160. Ouverture des conférences des Avocats à la Cour impériale de Metz, 15 novembre 1858. — Allocution de M. le Bàtonnier et éloge de M. Parant, prononcé par M. Jules Orban, avocat.

Metz, typog. J. Mayer, 1858. Broch. in-8.

161. Allocution de M. le Batonnier, et éloge historique de M. de Boucheporn, par Anatole Durand, avocat, à l'ouverture de la conférence des avocats à la Cour impériale de Metz, le 4 décembre 1865.

Metz, typog. et lithog. de Nouvian, 1866. Broch. in-8.

162. Éloge de Dilange, prononcé par M. Henri Maguin, à l'ouverture des conférences des avocats à la Cour impériale de Metz, le 26 décembre 1864.

Metz, imp. et lith. de Nouvian, 1864. Broch. in-8.

163. Allocution de M. le Batonnier et éloge de Harvier, prononcé par Maurice de Chanteau, avocat. — Ouverture de la conférence des avocats à la Cour impériale de Metz, du 6 décembre 1869.

Metz, imp. de Nouvian, 1869. Broch. in-8.

164. Allocution de M. le Batonnier et éloge de Lefebvre, par Gaston de Faultrier, avocat, docteur en droit, à l'ouverture de la conférence des avocats à la Cour impériale de Metz, du 9 Décembre 1867.

Metz, imp. et lith. de Nouvian, 1868. Broch. in-8.

165. Éloge historique du général comte de la Salle (*Audaces fortuna juvat*), par Pigault-Lebrun, 1809.

Paris, de l'imp. de Campenon. Broch. in-8.

166. Vie militaire du comte de Lasalle, général de division ; tirée de la *Biographie de la Moselle* par E.-A. Bégin, docteur médecin, etc.

Metz, imp. de Verronnais, 1830. Broch. in-8.

167. Le général Richepance. Extrait de la *Lorraine militaire*, galerie historiq. par M. Jules Nollet-Fabert.

Nancy, Grimblot et veuve Raybois, 1853. Broch. in-8.

168. Vie de M. Nicolas, curé de Saint-Baudier (diocèse de Metz), mis à mort pour la Foi pendant la Révolution... (*par Benoît Faivre*).

Metz, typog. de Rousseau-Pallez, 1861. 1 vol. in-12.

169. Réflexions chrétiennes sur la vie et la mort d'Antoine Nicolas, curé catholique de la paroisse de Saint-Baudier, département de la Moselle, diocèse de Metz ; fusillé à Metz, par jugement de la Commission militaire, le 24 thermidor an 6, 12 août 1798 (v. s.), par un catholique.....

An IX. M.D.CCC. In-8 (sans indication du lieu d'impression, ni de l'imprimeur, ni de l'auteur).

170. Vie militaire de Michel Ney, Maréchal de l'empire, publiée par Verronnais, imprimeur, mise en vente au profit de la souscription ouverte dans le but d'élever une statue à ce Maréchal sur une des places de la ville de Metz.

Metz, chez Verronnais, imp.; Paris, chez Courcier, libr., 1853. Broch. in-8 avec un dessin de J. Hussenot.

171. Mémoire sur la réhabilitation du Maréchal Ney, par le colonel Deniset, électeur.

Paris, imp. de Paul Dupont, 1839. Broch. in-8.

172. Chant de douleur sur la mort du maréchal Ney, par Chéri Pauffin, membre de l'Institut des provinces et des académies impériales de Metz, etc.

Paris, E. Thunot et Cie, 1854. Broch. in-8.

173. Vie militaire du comte Grenier, lieutenant-général, tirée de la *Biographie de la Moselle*, par E.-A. Bégin, docteur médecin, etc.

Metz, imp. de Verronnais, 1830. Broch. in-8.

174. Précis historique sur M. le comte Grenier, né à Sarrelouis, en 1768, lieutenant-général des armées du Roi... orné d'un portrait et d'une vignette, par M. F. Sicard, officier d'état-major.

Metz, imp. de Hadamard, 1828. Broch. in-8.

175. Le général de Puymaigre.

Nancy, imp. de veuve Raybois et Cie. Broch. in-8.

176. Notice sur le général Dornès, mort en 1812, dans la campagne de Russie, par C. Mullié, de l'Institut historique. — Hommage à la mémoire d'un père bien-aimé.

Metz, imp. F. Blanc, 1864. Broch. in-8.

177. Paroles prononcées sur la tombe du général baron Prétet, commandant de l'École d'application de l'artillerie et du génie, décédé le 22 janvier 1842.

Metz, imp. de S. Lamort, 1842. Broch. in-8.

178. Etudes biograph. sur Edmond du Boullay, Claude Henriet Fournier et Dom Brocq, par Henri Menu.

Châlons-sur-Marne, J.-L. Le Roy, imp.-libr., 1866. Broch. in-8.

179. Note sur l'abbé Jany, natif de Metz, par M. Thiel.

Broch. in-8. (Extrait des *Mémoires de l'Académie impériale de Metz*, année 1864-1865)

180. Notice sur M. Gabriel Simon, décédé doyen du Chapitre de la Cathédrale de Metz, vicaire général, official, etc.

Metz, imp. Pallez et Rousseau, 1851. Broch. in-8.

181. Éloge funèbre de M. l'abbé Potot, prononcé à la Cathédrale de Metz, le 22 mai 1837, devant les associés du rosaire-vivant, dont il était le directeur.

Metz, de l'imp. de Collignon. Broch. in-8.

182. Les Tschudi (*par E.-A. Bégin*).

Metz, typ. de Dembour et Gangel, s. d., in-4. (La même broch. renferme une biographie du COMTE DE BOURNON*, DE METZ.)

183. Vie de Madame de Méjanès, fondatrice et première supérieure générale des sœurs de Sainte-Chrétienne, par M. l'abbé Chalandon, vicaire général de Metz.

Metz, Pallez et Rousseau, libraires-éditeurs — Imp. de Ch. Dieu (s. d.). 1 vol. in-12, avec portrait lithog. par Étienne.

184. Inauguration du buste de Lacretelle.

Mâcon, imp. d'Émile Protat, 1856. Broch. in-8. (Extrait de *l'Académie des sciences, arts, belles-lettres et d'agriculture de Mâcon*, séance du 29 Juillet 1856.)

---

* Savant minéralogiste.

185. Galerie historique et critique du dix-neuvième siècle, par Henry Lauzac: Charles Lacretelle. (Extrait du premier volume).

Paris, imp. de L. Tinterlin et Cⁱᵉ, 1856. Broch. in-8.

186. Allocution de M. le Bâtonnier et éloge de P.-L. Lacretelle, par M. Jules Sechehaye. — Ouverture de la conférence des avocats à la Cour impériale de Metz, séance du 9 décembre 1866.

Metz, typog. Rousseau-Pallez, éditeur, 1867. Broch. in-8 de 28 pages.

187. Notice nécrologique sur le baron G.-J.-B. Dufour, pair de France, ancien intendant militaire, grand-officier de la Légion d'Honneur, décédé Maire de Metz, le 10 mars 1842.

Metz, imp. et libr. de Verronnais. Broch. gr. in-8. (Extrait de *l'Annuaire historique et statistique du département de la Moselle,* publié par Verronnais. 1843.

188. Notice nécrologique sur F. Fristo, ancien chirurgien de l'armée d'Italie... par le docteur Warin...

Metz, imp. de Verronnais, 1849. Broch. in-8. (Extrait de *l'Exposé des travaux de la Société des Sciences médicales de la Moselle,* année 1848-1849.)

189. Notice historique sur A.-M.-L. Willaume, ancien chirurgien principal d'armée et premier professeur à l'hôpital d'instruction de Metz..... par M. Isnard, médecin principal d'armée.....

Metz, Verronnais, 1863. Broch. in-8. (Extrait de *l'Exposé des travaux de la Société des sciences médicales du département de la Moselle,* année 1862-1863.)

190. Discours prononcé aux obsèques de M. Ambroise Willaume, ancien chirurgien en chef de l'hôpital militaire de Metz..... par M. le baron Larrey, chirurgien ordinaire de l'Empereur..... au nom du corps des officiers de santé militaires, le 22 mars 1863.

Paris, Victor Rozier, 1863. Imp. de Cosse et J. Dumaine. Broch. in-8.

191. Notice sur la vie et les travaux de M. Riboulet (Nicolas), médecin principal de première classe, décédé en activité de service, le 24 juin 1863, par M. Eug. Grellois, médecin principal de première classe.....

Paris, Victor Rozier, éditeur, 1863. — Imp. de Cosse et J. Dumaine. Broch. in-8.

192. Discours prononcé par M. Moizin, médecin en chef, premier professeur de l'Hôpital militaire d'instruction de Metz, à l'occasion de la distribution des prix décernés aux élèves de cet établissement, le 19 novembre 1831. [Ce discours a pour sujet une étude sur la vie et les travaux de *Rampont* (*Mansuy-François*), médecin en chef d'armée.]

Metz, P. Wittersheim, 1831. Broch. in-8.

193. Notice sur N.-V. Clercx, ancien chirurgien-major de l'École d'application de l'artillerie et du génie, lue à la séance publique du 15 juin 1848, à la Société des sciences médicales de la Moselle, par le docteur L. Cazalas, secrétaire général de la Société.....

Metz, Verronnais, 1848. Broch. in-8. (Extrait de l'*Exposé des travaux de la Société des sciences médicales de la Moselle.*)

194. Éloge funèbre de M. J. Ibrelisle, ancien médecin des prisons civiles, membre de l'Académie impériale de Metz, etc., prononcé sur sa tombe le 27 avril 1865, par M. May, médecin des prisons civiles.

Metz, imp. de F. Blanc, 1865. Broch. in-8.

195. Tableau chronologique des services civils et militaires de Laurent Moussaux, médecin principal des armées en retraite, avec notice et pièces justificatives.

Metz, imp. de Nouvian, 1863. Broch. in-8 avec un portrait photographié.

196. Éloge historique de Ch. Monard, médecin principal de première classe, etc., par le docteur Scoutetten, président de la Société des sciences médicales du département de la Moselle, etc.

Metz, typog. de Verronnais, 1854. Une broch. in-8. (Extrait des *Travaux de la Société des sciences médicales*, de 1853-1854.)

197. Notice sur M. Pascal Monard, docteur en médecine, médecin des armées..... par M. Fridrici, ancien directeur du Jardin botanique de Metz, lue à la séance du 3 juin 1875 (à la Société d'Hist. naturelle).

Metz, typog. de Jules Verronnais, 1876 Broch. in-8. (Extrait du XIVᵉ *Bulletin de la Société d'histoire naturelle de Metz.*)

198. Un bienfaiteur des pauvres de la ville de Metz, Étienne - Pierre Morlanne. — Notice biographique par M. F.-M. Chabert.....

Metz, typog. Rousseau, 1862. Broch. in-8.

199. Éloge de M. Mangin , prononcé par M. Adrien Gand, avocat, docteur en droit, à l'ouverture des conférences des avocats à la Cour impériale de Metz, le 9 décembre 1861.

Metz, imp. et lith. Nouvian, 1861. Broch. in-8.

200. Les cinq derniers jours de la police Mangin (*de Metz*), ou révélations curieuses sur le coup d'état de Juillet..... par une Personne qui n'a pas quitté la préfecture.

Paris, imp. de Ch. Dezauche, 1838, Broch. in-8.

201. Le biographe universel. — Publications de la Revue générale, biographique, politique et littéraire. Galerie politique. — XII. — Ladoucette (le baron). Par J. Duverger.

Paris, imp. de Mme de Lacombe, 1842. Broch. in-8.

202. Notice sur la vie et les travaux de M. le baron Ladoucette.

Paris, imp. de Mme de Lacombe, 1844. Broch. in-8. (Extrait de la *France représentative*..... publiée sous la direction de M. J. Blard.)

203. Éloge de M. le sénateur baron Ch. de Ladoucette, prononcé à l'Académie impériale de Metz, dans sa séance publique et solennelle du 15 mai 1870, par le docteur Eug. Grellois, président.

Metz, imp. de F. Blanc, 1870. Broch. in-8.

204. Notice biographique sur M. le baron Louis-Charles de Ladoucette, sénateur..... par Honoré Arnoul, secrétaire général de la Société nationale d'Encouragement au bien.....

Paris, bureaux et secrétariat général (de la Société d'Encouragement au bien), 1871.
Meaux, imp. Jules Carro. Broch. in-8.

205. Étude sur M. le comte de Serre, par M. Auguste Salmon.

Metz, F. Blanc, 1864. Broch. in-8.

206. Notice biographique sur M. Charles Dosquet, ancien sous-préfet de Bordeaux..... Lue à l'Académie impériale de Metz, dans la séance du 30 juin 1859, par A. Thiel, inspecteur d'académie honoraire.

Metz, F. Blanc, imp., 1859. Broch. in-8.

207. Biographie de quelques horticulteurs messins (*Couthier, Pirolle, Holandre, Fournel*) par M. F.-M. Chabert.....

Metz, typog. Rousseau-Pallez, 1860. Broch. in-8.

208. Notice biographique sur M. J.-A. Lasaulce, directeur de l'école normale primaire du département de la Moselle, chevalier de la Légion d'Honneur, etc., par M. F.-M. Chabert.

Metz, imp. de F. Blanc, 1867. Broch. in-8. (Extrait des *Mémoires de l'Académie de Metz*, année 1866-1867.)

209. Notice biographique sur M. F. Munier, membre honoraire de l'Académie impériale de Metz, par M. Thiel.

Metz, F. Blanc, 1864. Broch. in-8. (Extrait des *Mémoires de l'Académie de Metz,* année 1863-1864.)

210. A la mémoire de M. J.-J. Holandre, ancien bibliothécaire de la ville de Metz, fondateur et président honoraire à vie de la Société d'horticulture de la Moselle.....

Metz, typog. de Rousseau-Pallez, 1857. Broch. in-8 renfermant un extrait du *Vœu national* du 4 septembre 1857, par Vaillant; un *Discours* de M. Clercx ; un extrait de *l'Indépendant de la Moselle* du 2 septembre 1857; un extrait du *Courrier de la Moselle* du 1er septembre 1857; un extrait du *Journal de la Société d'horticulture de la Moselle;* une *notice biographique* par M. F.-M. Chabert.

211. Notice biographique sur L.-I. Bardin, membre de l'Académie impériale de Metz, etc., par M. Émile Bouchotte.

Metz, imp. de F. Blanc, 1868. Broch. in-8.

212. Notice sur Mme Marie-Antoinette de Saint-Blaise née de Jobal, principale fondatrice et bienfaitrice de l'OEuvre des orphelines de St-Joseph. (S. n. d'aut.)

Metz, imp. de Nouvian, 1848. Broch. in-8.

213. Éloge funèbre de Mme Charlotte-Françoise-Victoire de Rouyn, comtesse de Salse d'Apremont, prononcé le 20 février 1850, dans la chapelle de Saint-Joseph, devant les dames de l'OEuvre des Orphelines, par M. l'abbé Chalandon, vicaire général de Metz.

Metz, Pallez et Rousseau, 1850. Broch. in-8.

214. Madame Tastu *, notice par Victor Ratier.

Une feuille in-4 sans indication de date ni d'imprimeur, ni de lieu d'impression.

215. Notice sur Madame Sturel née Marie-Octavie Paigné, par le docteur Scoutetten.

Metz, imp. S. Lamort, 1854. Broch. in-8.

216. Madame O. Sturel-Paigné (*Notice de E. Gandar*).

Metz, typog. de Pallez et Rousseau, 1853. Broch. in-8.

217. Première série de comédiens et comédiennes. — La comédie française. — Notices biographiques par Francisque Sarcey. — Portraits gravés à l'eau-forte par Léon Gaucherel. — Neuvième livraison : Madame Arnould-Plessy (*née à Metz*).

Paris, imp. Jouaust, 1876. Broch. in-8.

218. Madame Mennessier. Notice nécrologique par A. de Vidaillan.

(Extrait du *Vœu national* du 23 Février 1855). (Extrait de l'*Indépendant* du 24 Février 1855).
Metz, Imp. Nouvian. Br. in-8.

219. A la mémoire de M. Melchior-Adolphe Des Robert, ancien officier, président de la Société d'horticulture de la Moselle etc.

Metz, Typ. de Nouvian, 1866. Broch. in-8.

---

* On trouvera sur Mme Amable Tastu, des notices dans le *Dictionnaire universel* de Larousse, dans le *Dictionnaire des contemporains*, etc.

220. Notice sur M. le comte du Coëtlosquet, membre de l'Académie impériale de Metz, lue en séance publique le 8 Mai 1853, par M. Victor Simon.

Metz, S. Lamort, Imp., 1853. Br. in-8.
(Extrait des *Mémoires de l'Académie de Metz*, année 1852-53.)

221. Mort d'un pèlerin à Jérusalem en 1852. Notice sur les derniers moments du comte Charles du Coëtlosquet, par Emile Gentil, chevalier du Saint-Sépulcre.....

Paris, typ. Plon Frères, 1854. Br. gr. in-8.

222. Souvenirs de Lambry. Récit de sa vie et de sa mort. Description de ses funérailles. Discours prononcés sur la place de la République et au cimetière de l'Est.

A Metz, janvier 1849. Br. in-8 (s. n. d'auteur ni d'imprimeur).

223. Relation de la cérémonie funèbre qui a eu lieu à Metz, le 22 Juillet 1848, en l'honneur d'Auguste Dornès, représentant du département de la Moselle à l'Assemblée nationale.

Metz, Imp. de Nouvian, 1848. Br. in-8 (s. n. d'aut.), avec planche.

224. Notice sur Charles Gautiez, architecte, par F. Blanc.

Metz, F. Blanc. Imp. 1857. Br. in-8. (Extrait des *Mémoires de l'Académie de Metz*, année 1856-1857.)

225. Notice sur la vie et les ouvrages du général J.-V. Poncelet, par M. le général Didion, lue à l'Académie impériale de Metz, dans la séance du 18 mars 1869.

Paris, Gauthiez-Villars, imprimeur-libraire, 1869. Br. in-8; suivie de la nomenclature des publications scientifiques de J.-V. Poncelet.

Cette notice est reproduite dans les *Mémoires de l'Académie de Metz,* année 1868-69. On trouvera de plus dans la *Revue des deux mondes,* 15 Avril 1868, un article intitulé : « Essais et Notices : — Le Général Poncelet, par R. Radau. »

226. Eloge historique de Jean-Victor Poncelet, lu dans la séance annuelle de l'Académie des Sciences.... par J. Bertrand, secrétaire perpétuel.

Paris, Firmin Didot, 1875. In-4.

227. Notice biographique sur M. Ardant, général de brigade....... par M. le Général Didion.

Metz, F. Blanc, imp. 1860. Br. in-8. (Extrait des *Mémoires de l'Académie de Metz,* année 1859-1860.)

228. Notice sur M. le colonel Gosselin, par M. Susane.

Metz, Imp. de F. Blanc, 1862. Broch. in-8.

229. Notice biographique sur le colonel du génie Jourjon, tué le 24 Juin 1859, à la bataille de Solferino, par le général Ch. Dejean.

Metz, typ. de Jules Verronnais, 1860. Broch. in-8.

230. Notice sur le lieutenant-colonel d'artillerie Cailly, membre de l'Académie impér. de Metz, lue en séance publique le 8 Mai 1853, par M. Virlet, chef d'escadron au 6e régiment d'artillerie.

Metz, S. Lamort, 1853. Br. in-8. (Extrait des *Mémoires de l'Académie de Metz,* année 1852-1853.)

231. Notice sur M. J.-F. Soleirol, chef de bataillon du Génie en retraite..... par M. Thiel.

Metz, F. Blanc, 1863. Br. in-8. (Extrait des *Mémoires de l'Académie de Metz*, année 1862-1863.)

232. Notice sur M. Victor Simon et sur ses travaux, par M. Aug. Prost, membre de l'Acad. de Metz.

Metz, F. Blanc, imp., 1866. Br. in-8. (Ext. des *Mém. de l'Acad. imp. de Metz*, 1865-1866.)

233. Notice sur le 1er président baron Gérard d'Hannoncelles, par M. Dommanget, doyen des avocats.

Metz, Imp. de F. Blanc, broch. in-8. (Extrait des *Mémoires de l'Académie impériale de Metz*, année 1865-1866.)

234. Notice nécrologique sur M. Henry Maguin, docteur en droit, par L. Viansson.

Nancy, Imp. E. Réau, 1876. Br. in-8.

235. Eloge funèbre de feu M. M.-L. Schwabe, président du Consistoire israélite, par L. Wogue, élève de l'Ecole centrale Rabbinique de France, établie à Metz.

Metz, Imp. de P. Wittersheim, 1837. Br. in-8.

236. Notice biographique sur M. Gerson-Lévy, membre honoraire de l'Académie de Metz, par M. Thiel.

Metz, Imp. de F. Blanc, 1865. Broch. in-8.

237. Notice sur la vie et les travaux d'Olry Terquem, officier de l'Université, docteur ès-sciences, professeur aux écoles d'artillerie etc..... par E. Prouhet.

Paris, Imp. de Mallet-Bachelier, broch. in-8. (Extr. du *Bull. de Biog., d'Hist. et de Bibliog. math.* tome VIII.)

238. Notice biographique sur M. l'abbé Maréchal, professeur d'Ecriture sainte, etc.... par M. Thiel.

Metz, F. Blanc, 1860. Br. in-8. (Extrait des *Mémoires de l'Académie impériale de Metz*, année 1859-60.)

239. Discours prononcé sur la tombe de M. J.-F.-A. Thiel, par M. Emile Michel, président de l'Académie de Metz, le 10 Janvier 1869.

Metz, Imp. de Ch. Thomas. Br. in-8.

240. Notice biographique sur M. J.-F.-A. Thiel, membre honoraire de l'Académie de Metz, par M. le Colonel Virlet.

Metz, Imp. de F. Blanc, 1869. Broch. in-8. (Extrait des *Mémoires de l'Académie de Metz*, année 1869-70.)

241. Notice sur Eugène Gandar, prof. à la faculté des lettres de Paris, par M. Aug. Prost.

Metz, F. Blanc, imp. 1868. Br. in-8. (Extrait des *Mémoires de l'Académie de Metz*.)

242. Notice sur M. Alexandre Huguenin, professeur à la faculté des lettres de Nancy, par M. F. Chabert.

Metz, Imp. de F. Blanc, 1863. Broch. in-8. (Extrait des *Mémoires de l'Académie de Metz*, année 1862-1863.)

243. M. Lepetit et MM. Casimir Oulif père et fils, artistes messins. Notice par M. F.-M. Chabert.

Metz, F. Blanc, imp., 1860. Broch. grand in-8 avec une photographie.

244. Notice sur Victor-François Desvignes, musicien-compositeur *, par M. Eugène Gandar.

Metz, Imp. S. Lamort, 1854. Br. in-8. (Extrait des *Mémoires de l'Académie de Metz.*)

245. Hommage à Henri Vaultrin, ancien maire de Gorze, par A. Vautrain.

Metz, typ. Rousseau-Pallez, 1862. Br. in-8.

246. Confidences autobiographiques (s. n. d'aut.).

Metz, typ. et lith. de Nouvian. **3** fasc. in-24.

247. Notice sur les Campagnes et Opérat. milit. faites en Chine par M. Tardif de Moidrey, capit. d'artill. dans l'armée française, off. de la Lég. d'hon., général en chef des armées chinoises..... par M. Legénissel, commandant du génie etc.....

Metz, typ. de Rousseau-Pallez, 1864. Br. in-8.

248. Notice biog. sur M. Félix Maréchal, docteur en médecine, maire de Metz....... par M. de Bouteiller.

(Extrait des *Mémoires de l'Académie de Metz*, année 1871.)
Metz. Imp. E. Réau, 1871. Broch. in-8

249. Notice nécrol. sur M. P. de Mardigny, ingén. en chef des ponts et chaussées... par M. H. Frécot. ingénieur en chef des ponts et chaussées etc.....

Nancy, Imp. E. Réau, 1875. Br. in-8.
(Extrait des *Mémoires de l'Académie de Metz*, année 1873-1874.)

---

* L'un des fondateurs de l'Ecole de musique de Metz, succursale du Conservatoire de Paris.

TABLE DES MATIÈRES.

Metz, Imp. de J. Verronnais.

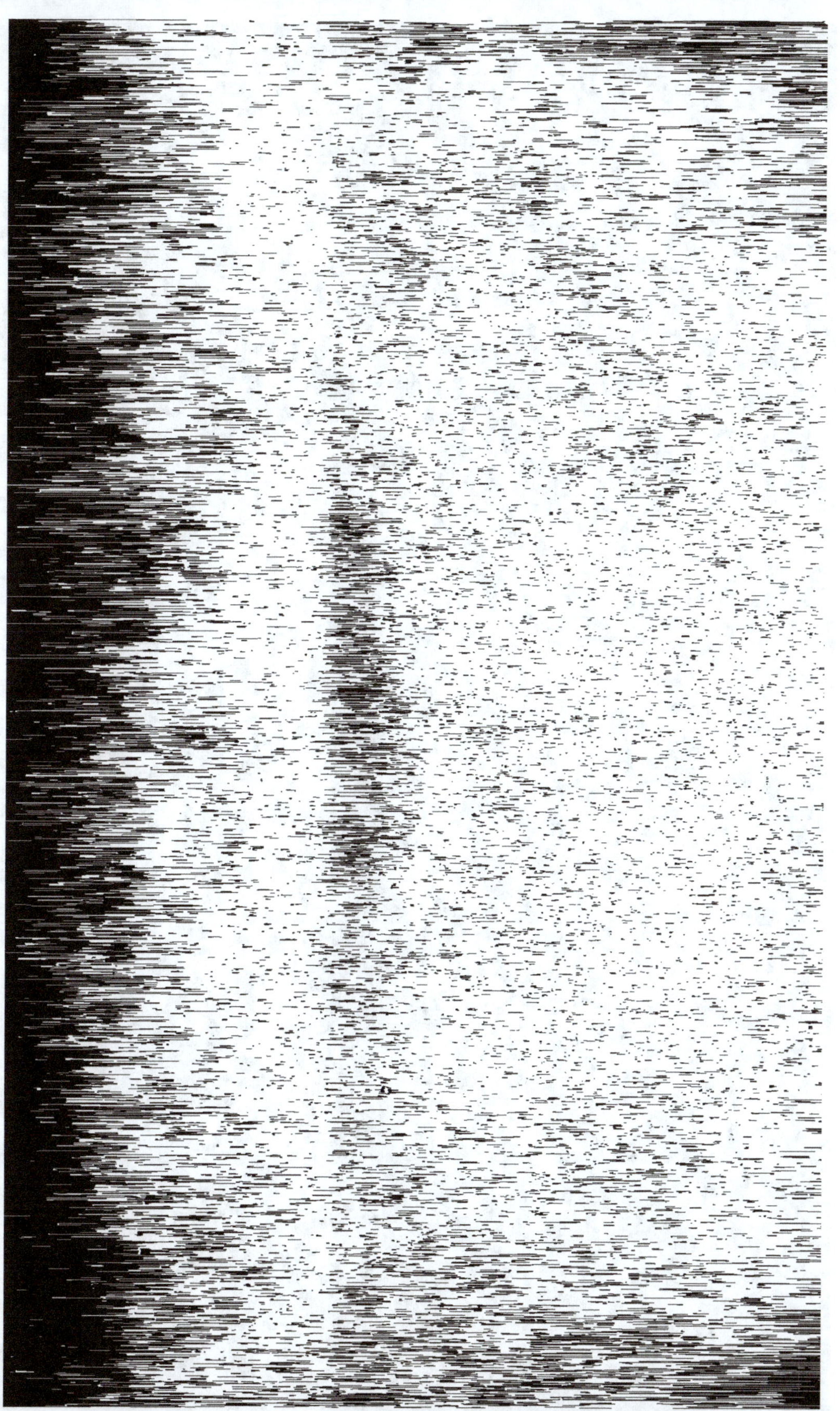